Victor Lanjuinais

Nouvelles Recherches sur la question de l'or

Étude

 Le code de la propriété intellectuelle du 1er juillet 1992 interdit en effet expressément la photocopie à usage collectif sans autorisation des ayants droit. Or, cette pratique s'est généralisée dans les établissements d'enseignement supérieur, provoquant une baisse brutale des achats de livres et de revues, au point que la possibilité même pour les auteurs de créer des œuvres nouvelles et de les faire éditer correctement est aujourd'hui menacée. En application de la loi du 11 mars 1957, il est interdit de reproduire intégralement ou partiellement le présent ouvrage, sur quelque support que ce soit, sans autorisation de l'Éditeur ou du Centre Français d'Exploitation du Droit de Copie , 20, rue Grands Augustins, 75006 Paris.

ISBN : 978-1726370059

10 9 8 7 6 5 4 3 2 1

Victor Lanjuinais

Nouvelles Recherches sur la question de l'or

Étude

Table de Matières

Section I	7
Section II	12
Section III	20
Notes	27

Deux états du continent ont démonétisé l'or ; en France, des économistes distingués conseillent d'imiter cet exemple. Le public, vivement ému des périls qu'on lui signale, daignera-t-il accueillir avec indulgence des recherches nouvelles sur cette grave question et une conclusion différente ?

Les vérités économiques ne sont pas des dogmes mystérieux qui commandent la foi, elles doivent être déduites de l'observation des faits et dégagées de phénomènes souvent obscurs et compliqués. Nous essaierons d'analyser quelques-uns de ceux qui dominent la question des monnaies, et loin de demander au législateur une solution d'urgence, nous l'engagerons à s'abstenir d'abord, et à prendre le temps d'examiner si les remèdes qu'on propose a des maux qui n'existent pas encore n'auraient pas le double inconvénient d'être inefficaces et de faire naître des embarras plus graves et plus certains que ceux qu'on redoute ?

Section I

Le premier point à éclaircir, c'est la question de savoir si l'abondance des métaux précieux, de l'or en particulier, est un bien ou un mal, une cause de ruine ou de prospérité pour les nations.

Les faits qui s'accomplissent depuis cinq ans avec tant d'éclat sous nos yeux vont répondre à cette question. La découverte des nouveaux gisements aurifères, en jetant dans le monde civilisé un capital, soudainement produit, d'environ 3 milliards, a donné à l'esprit d'entreprise un essor et une énergie dont l'histoire, même moderne, ne fournit aucun exemple. Sans doute la navigation à vapeur, les chemins de fer, le télégraphe électrique, la liberté du commerce et de la navigation pratiquée par l'Angleterre, avaient imprimé au monde une impulsion puissante, mais cette impulsion même se serait vite arrêtée, ou aurait infailliblement amené des crises financières terribles, si la marche n'en avait été régularisée par l'afflux continuel d'une masse de capitaux réels, vouant à chaque instant combler les vides que les besoins d'entreprises gigantesques ne cessaient de faire dans la circulation.

En 1846 et 1847, l'insuffisance des récoltes en France et en Angleterre a donné lieu à d'énormes importations de grains d'Amérique et de Russie, et à des exportations corrélatives d'or et d'argent. Dans les deux pays, des crises monétaires et commerciales se sont immédiatement déclarées, elles ont causé les plus graves embarras, et mis en danger la Banque de France et celle d'Angleterre. On doit conclure de la similitude, des circonstances que, sans les arrivages réguliers de l'or de Californie et d'Australie, la disette de 1854 et la cherté de 1855 auraient amené des résultats plus funestes encore. La crise se serait en effet proportionnée à la hardiesse et à l'étendue colossale des entreprises en cours d'exécution en France et dans le monde entier. Au contraire, le temps de la disette s'est écoulé sans perturbation, sans apporter même de suspension appréciable dans la consommation générale, ni de temps d'arrêt dans le travail des manufactures et des ateliers de toute sorte. De plus, il a été possible à l'état de réaliser sans peine deux emprunts montant ensemble à 750 millions, d'exporter en numéraire sur le théâtre de la guerre la plus grande partie peut-être de cette somme, et en même temps le capital disponible a pu faire face aux émissions d'actions et d'obligations des villes, des compagnies industrielles, des chemins de fer, etc., qui se sont élevées à près d'un milliard.

Dans ces faits extraordinaires, et qui sont communs au monde civilisé tout entier, il n'y a pas un observateur attentif qui ne reconnaisse que la production croissante des métaux précieux, de l'or surtout, a joué le plus grand rôle.

Voilà le bien. Où donc est le mal ? — l'abondance de l'or en déprécie la valeur, dit-on ; la même quantité d'or n'achète plus la même quantité de pain, de viande, de matières premières, etc. Dans dix ans peut-être, cette dépréciation sera de 50 pour 100, et alors tous les créanciers d'engagements à long terme seront remboursés avec une perte de 50 pour 100. Tous les rentiers seront de fait privés de la moitié de leur revenu, tous les fonctionnaires de la moitié de leur traitement.

Distinguons ici entre le présent et l'avenir, entre le fait réalisé et l'hypothèse qu'on présente comme une tête de Méduse à l'imagination des masses.

Dans le présent, il est admissible, mais il n'est pas certain, que l'or joue un rôle direct dans la hausse des prix. S'il a une influence, c'est moins comme monnaie que comme un capital nouveau qui s'est répandu sur tous les marchés en y faisant des commandes étendues. Cette influence au reste est si limitée, que M. Chevalier ne l'a pas chiffrée, et qu'un autre écrivain, plus réservé encore, M. Baudrillard, hésitant à l'affirmer, expose au contraire avec beaucoup de sagacité quelques-unes des causes véritables de la hausse actuelle des prix. Parmi les principales, il faut signaler sans doute celles qui frappent tous les yeux : pour le vin, la destruction d'une partie des vignobles et la stérilité du reste ; pour le blé, l'insuffisance des dernières récoltes ; pour la viande, le ralentissement de la production après la révolution de 1848.

Mais ordinairement, lorsque les prix des subsistances s'élèvent, tous les autres prix s'abaissent, tandis qu'aujourd'hui c'est tout le contraire : la hausse est générale. Telle est l'anomalie qu'il s'agit d'expliquer.

On a remarqué, il y a longtemps, que les prix tendent généralement à s'élever dans les pays où la population est nombreuse et la richesse en progrès, et à rester bas dans les pays à populations stationnaires et clair-semées. La vie, comme on dit vulgairement, est plus chère à Paris qu'à Lyon ou à Bordeaux, plus chère surtout que dans un village du Languedoc ou de la Bretagne. Elle est plus chère en Angleterre qu'en France, quoique les termes de la comparaison tendent beaucoup à se rapprocher depuis une vingtaine d'années. C'est que, chez les nations en progrès, le travail et l'épargne accroissent chaque année le capital ou, si l'on veut, la richesse acquise, et ce capital nouveau, développant les anciennes entreprises ou en créant de nouvelles, vient sur le marché augmenter, quelquefois dans des proportions très considérables, la demande d» la main-d'œuvre et de tous les objets de consommation. L'offre restant d'abord la même, les prix s'élèvent inévitablement, jusqu'au point où cette hausse détermine une production en rapport avec les nouveaux besoins. Les prix devraient alors reprendre leur ancien niveau, et c'est ce qui arrive en effet pour les objets dont le progrès des arts et des sciences diminue les frais de production et dont la matière première est à peu près illimitée ; mais l'expérience montre que, dans les pays en progrès, l'accroissement de la richesse tend constamment à élever assez la demande au-dessus de l'offre pour qu'au milieu des oscillations de hausse et de baisse la tendance à la hausse l'emporte toujours. La raison fondamentale de ce phénomène, c'est qu'il y a des produits dont la quantité ne peut être augmentée que par une plus forte dépense, par conséquent par une élévation de prix. Le blé, le vin, sont dans ce cas ; d'autres produits sont absolument limités, et une forte demande les place dans une situation de monopole ; d'autres enfin ne peuvent pas instantanément se proportionner à la demande : il faut plusieurs années pour faire un bœuf à un cheval, il faut des années aussi pour rendre plus productifs de fourrages les champs et les prairies destinés à les nourrir. Mais l'élément qui doit le plus fixer l'attention dans la question actuelle, c'est le prix de la main-d'œuvre ou plutôt du travail de l'homme, depuis l'ingénieur jusqu'au journalier. Si le progrès de la richesse et de l'industrie est, à un moment donné, plus rapide que celui de la population, les ateliers de toute nature auront besoin d'employés instruits et d'ouvriers en plus grand nombre que le pays ne peut en fournir. Les entrepreneurs se les disputeront par des élévations de salaires de plus en plus considérables. Les ouvriers, qui, à cause de leur grand nombre, sont les plus grands consommateurs du marché, accroîtront leur dépense dans la proportion de l'accroissement de leur salaire ; il en résultera sur tous les marchés une hausse considérable sur les subsistances. Cette hausse des salaires et des subsistances, réagissant bientôt sur les frais de production de toutes les industries, augmentera les prix de toutes choses. La hausse sera plus marquée, si à des circonstances naturelles extraordinairement favorables au développement de l'industrie on ajoute l'influence d'excitations artificielles, telles que la formation de grands ateliers de travaux publics, par exemple ceux de la ville de Paris, qui passent pour occuper plus de 100,000 ouvriers ; elle fera des progrès plus sensibles encore si, en présence d'une demande de main-d'œuvre déjà hors de proportion avec le nombre des ouvriers disponibles, des circonstances politiques telles que la guerre viennent encore diminuer le nombre des bras, si comme en ce moment nos flottes retiennent 30,000 ou 40,000 marins et charpentiers du commerce qu'il faut remplacer par des hommes enlevés à d'autres industries, si le recrutement atteint 140,000 hommes au lieu de 80,000, si les libérations du service militaire sont moindres qu'en temps de paix. C'est en effet sous l'influence de toutes ces circonstances réunies que la main-d'œuvre s'est élevée de 10, de 25, de 50 et quelquefois

Section I

de 100 pour 100, et cette élévation a réagi principalement sur les loyers et les subsistances, déjà très élevés par d'autres causes, sur tous les commerces de détail et sur toutes les choses dont la main-d'œuvre et les salaires sont le premier élément de production.

En dehors de ce cercle, les prix ont été faiblement affectés par la tendance générale ; le prix des tissus ordinaires, par exemple, est resté à peu près stationnaire ; le prix des propriétés rurales a sensiblement baissé : une propriété qui aurait valu 300,000 fr. en 1847 se vendrait difficilement plus de 250,00à fr. aujourd'hui ; cependant les propriétés sont du nombre des valeurs qui échappent à la dépréciation des métaux précieux, et qui doivent hausser quand ceux-ci baissent.

La vraie cause de la hausse dans le présent, c'est donc le progrès de la richesse dans le monde civilisé [1], l'ardeur de la spéculation, la hausse des profits, celle des salaires surtout, et en fin de compte une disproportion marquée entre la demande et l'offre des loyers et des subsistances : toutes les lois monétaires du monde n'y changeraient rien.

Quant à l'avenir, c'est le domaine des conjectures et de l'imagination. On peut admettre sans doute qu'une offre de métaux précieux hors de proportion avec la demande abaissera leur valeur ; mais quand on voit avec quelle rapidité et avec quelle régularité la production annuelle se classe chez toutes les nations, il n'y a pas lieu de prévoir de graves et subites perturbations. Ce qui s'est passé dans les trois siècles et demi qui se sont écoulés depuis la découverte de l'Amérique est aussi de nature à rassurer les esprits. On estime qu'à l'époque de la découverte de l'Amérique, les métaux précieux existant en Europe pouvaient s'élever à 1 milliard ; la production de ces métaux s'est élevée depuis à environ 40 milliards, et, de l'aveu des personnes les plus éclairées, leur valeur ne s'est abaissée en 355 ans que des 5/6e. Une dépréciation de 5/6e est énorme considérée dans son ensemble ; mais, répartie sur 355 ans, elle est insignifiante : c'est 2,34 pour 1,000, et en nombres ronds ¼ pour 100 par an. Il est donc permis de dire qu'en moyenne, après la découverte de l'Amérique, la marche de la dépréciation a été assez lente pour ne troubler gravement aucun intérêt existant. Bien n'annonce encore qu'il en doive être autrement aujourd'hui. Au XVIe siècle, la population était rare et peu industrieuse, l'esprit d'entreprise était peu répandu, et une importation continue d'or et d'argent était bien plus propre que de nos jours à déranger le niveau des prix. En ce moment, l'or est aspiré par les canaux avides du commerce et de l'industrie de manière à s'y absorber promptement, comme nous le voyons depuis trois années ; il s'ajoute à l'épargne annuelle pour commanditer des entreprises nouvelles ; il sème la richesse et le bien-être dans toutes les branches de l'activité humaine, et lorsqu'il peuple et enrichit avec une rapidité magique la Californie, l'Australie et les déserts de l'Oural, il ne peut être une cause de ruine pour les nations des deux mondes qui ont construit des flottes entières afin d'aller le chercher en échange des produits de leur industrie.

Admettons cependant l'hypothèse d'une dépréciation rapide de l'or, et voyons s'il est possible de le remplacer par une monnaie d'une valeur assez fixe pour rassurer les intérêts inquiétés.

Section II

La valeur de la monnaie est *essentiellement* mobile et variable ; pour le démontrer, nous serons obligé d'entrer dans quelques détails techniques, mais nous les abrégerons afin d'arriver vite au cœur de la question, l'exclusion (légale) de la monnaie d'or elle maintien de la seule monnaie d'argent.

L'or et l'argent, même chez les peuples de civilisation rudimentaire, servent d'intermédiaires aux échanges, parce qu'ils sont doués de certaines propriétés particulières. Ils sont les mêmes dans tous les pays, ils sont divisibles à l'infini sans rien perdre de leur valeur, ils se transportent facilement, et les maniements répétés auxquels toute monnaie est sujette ne les altèrent que d'une manière insensible. Toutes ces qualités ne sont cependant qu'accessoires ; la qualité fondamentale de ces métaux, c'est d'être des marchandises ayant une valeur propre à cause de leurs divers usages, et d'être ainsi un équivalent réel et substantiel des objets contre lesquels on les échange.

Dire que l'or et l'argent sont des marchandises, c'est affirmer implicitement qu'ils sont régis par le va-et-vient de l'offre et de la demande, qu'ils sont sujets à la hausse et à la baisse. En devenant monnaie, c'est-à-dire en recevant des empreintes et des dénominations fixées par la loi, l'or et l'argent n'échappent pas à la hausse et à la baisse, parce qu'ils ne perdent pas leur caractère essentiel d'objets commerçables et régis par le cours du marché.

L'or et l'argent employés comme monnaie ne sauraient donc être, dans le sens rigoureux du mot, une mesure de la valeur des objets qui se vendent et s'achètent. Le gramme et le mètre sont des mesures de poids et d'étendue, parce qu'ils expriment des quantités immuables. Un mètre est en tout temps et en tout lieu l'expression d'une longueur invariable, un gramme l'expression d'un même poids. Un franc composé de cinq grammes d'argent à 900/1000 ne représente pas toujours la valeur de la même quantité du même blé, pas même la valeur d'un même poids d'argent à 900/1000 non monnayé : il est immuable matériellement, commercialement il est soumis à toutes les oscillations du prix du marché ; mais, la dénomination monétaire étant constante, la variation de la valeur des monnaies se traduit par l'élévation ou l'abaissement du prix des objets en échange desquels on les donne.

Les monnaies sont cependant un terme de comparaison entre toutes les valeurs, puisqu'elles servent d'intermédiaire à tous les échanges ; mais si l'on s'en sert pour mesurer les autres valeurs, il ne faut jamais oublier que ce sont des mesures trompeuses dont l'inexactitude doit être corrigée dans les transactions à long terme et d'un lieu sur un autre. Si vous recevez, aujourd'hui 10,000 fr. pour les rendre dans vingt ans, il est à peu près certain que dans vingt ans vous rendrez une somme d'argent qui vaudra plus ou moins que celle que vous avez reçue, et cela était aussi vrai du temps des Grecs et des Romains, au moyen âge ou dans les derniers siècles qu'aujourd'hui. En un mot, tout engagement à terme est un contrat aléatoire ; il n'y a aucune différence sous ce rapport entre celui qui a stipulé la livraison de 100 kilos de blé et celui qui a stipulé une somme, c'est-à-dire un certain poids d'or ou d'argent. L'un et l'autre se libèrent en livrant la chose promise, quelque changement de valeur qu'elle ait subi depuis la date du contrat. Celui qui gagne aurait pu perdre, son bénéfice est légitime ; celui qui perd aurait pu gagner, il n'a pas le droit de se plaindre.

Tout a été tenté pour donner aux monnaies une valeur fixe, et par conséquent différente de celle du marché, et tout a échoué. Les expériences sont assez complètes pour qu'il soit permis de dire que la question est résolue, et que la variabilité est une infirmité incurable de tout système monétaire. Chercher une monnaie de valeur fixe, c'est chercher la quadrature du cercle.

La monnaie est donc une marchandise, et à l'origine des sociétés cette marchandise se vendait, et s'achetait au poids. Il en est encore ainsi en Chine et en quelques autres pays [2]. Les divisions de la monnaie n'ont été d'abord que des divisions de poids, et n'auraient jamais dû être autre chose. Si les acheteurs et les vendeurs livraient ou recevaient pour solde de leurs comptes des grammes et kilogrammes d'or ou d'argent, il n'y a pas un marchand au détail, pas une revendeuse de fruit ou de poisson, pas un journalier qui ne connût la théorie des monnaies aussi bien que les plus savants économistes : tous sauraient qu'ils échangent leur marchandise contre une autre, que la valeur de la marchandise qu'ils reçoivent, — la valeur de l'or ou de l'argent, — ne peut pas plus être garantie par le gouvernement contre la hausse ou la baisse, que ne le sont les denrées ou valeurs qu'ils donnent en échange ; mais il n'en est pas ainsi. Dans l'antiquité aussi bien qu'au moyen âge et dans les temps modernes, des gouvernements aussi avides que peu éclairés sur leurs véritables intérêts ont altéré les poids et les titres des monnaies, ont supprimé les dénominations déduites de leur poids, et les ont remplacées par des termes arbitraires empruntés à des noms de souverains, de peuples, etc., n'exprimant aucun rapport avec la valeur des monnaies, et masquant leur qualité essentielle de marchandises, a ce point que plusieurs siècles de labeurs scientifiques ont à peine suffi pour la leur restituer. L'usage une fois établi et le droit de battre monnaie étant devenu un attribut de la souveraineté, chaque état s'est créé une nomenclature arbitraire ; de là les *couronnes* et les *souverains* en Angleterre, les *ducats* et les *florins* d'Allemagne, les *piastres* d'Espagne, les *aigles* des États-Unis, les *sequins* de Venise, les *impériales* de Russie, les *frédéricks* de Prusse et les *francs* de notre monnaie, etc.

Toutes ces dénominations et bien d'autres, créées par autorité ou par coutume, n'expriment pour la plupart de ceux qui s'en servent que des idées obscures et confuses. (Combien y a-t-il de Français, par exemple, qui sachent ce que c'est qu'un franc [3] ? Peut-être pas dix mille sur trente-six millions ; un franc est, pour la majeure partie du public, quelque chose de mystérieux et de cabalistique. Si un phénomène monétaire se produit, ceux qu'il favorise en profitent sans chercher a s'en rendre compte, et ceux qui en souffrent vont soumettre l'énigme au gouvernement, qu'on croit volontiers en France un docteur de *omni re scibili et quibusdam aliis*. Le gouvernement, animé du désir de justifier la confiance qu'on lui montre, n'est que trop disposé à résoudre le problème par ce qu'on pourrait appeler la panacée française, une ordonnance ou un règlement. Heureusement, depuis les grands principes enseignés à Mirabeau par Darcet et développés par ce puissant génie devant l'assemblée constituante de 1789, le gouvernement s'est maintenu dans les strictes limites de ses attributions monétaires normales, et, sauf quelques écarts sans importance, il a marché depuis soixante ans dans la voie indiquée par la nature des choses à l'origine des sociétés, et retrouvée par la science après des siècles de tâtonnements et d'erreurs.

La monnaie est donc douée d'une valeur variable comme toutes les marchandises, et toutes les dénominations législatives ne sauraient lui donner une fixité contraire à sa nature. Cependant l'or et l'argent peuvent ne pas varier d'une manière égale ; la valeur de l'un peut se soutenir pendant que celle de l'autre fléchit : ne pourrait-on pas prendre pour monnaie légale celui de ces métaux dont la valeur serait le plus fixe, et parer ainsi aux inconvénients les plus graves de la variabilité naturelle du prix des métaux précieux ? L'argent, dont la production semble plus limitée que celle de l'or, remplit-il cette condition ?

Les hommes se servant de métaux précieux presque depuis le commencement du monde, il semble que cette question devrait être facilement résolue par les témoignages de, l'histoire. Il n'en est pas ainsi pourtant. Les auteurs grecs et romains étaient peu initiés aux questions commerciales, et ils ont été sur ces matières d'assez mauvais observateurs. Si Hérodote, Strabon, Pline ou Tite-Live avaient été des changeurs ou des publicains, ils nous auraient transmis sur les monnaies de l'antiquité les documents précis et positifs que les érudits modernes se sont efforcés de suppléer par des recherches savantes. Il faut honorer les travaux aussi ingénieux que profonds de MM. Letronne, Bœck, et surtout de M. Dureau de La Malle, mais il faut regretter que leurs démonstrations soient parfois incomplètes et trop souvent contradictoires.

D'après Xénophon, le rapport de l'or à l'argent était de son temps de 1 à 10, Hérodote le porte de 1 à 13 ; il descendit à moins de 1 à 9 quelques siècles après, lorsque César, plus heureux que Catilina, eut pris Rome et partagé à ses complices le trésor public, qui contenait une quantité d'or correspondante à 2 milliards de notre monnaie. Ce rapport se releva un siècle après de 1 à 11 et à 12, puis, suivant une loi de Valentinien, au IVe siècle, de 1 à 14,4, et enfin, suivant une loi d'Honorius et de Théodose le Jeune, de 1 à 18 [4].

Sans discuter l'exactitude plus ou moins rigoureuse de ces chiffres, empruntés à des textes authentiques, mais susceptibles d'interprétations diverses, tant à cause de la différence des valeurs légales et des valeurs commerciales qu'à raison des titres différais des monnaies, surtout de celles d'argent, il faut remarquer que les variations du prix de l'or et de l'argent ont été aussi considérables et même plus considérables dans l'antiquité que depuis la découverte de l'Amérique ; il faut observer surtout qu'elles ont été alternatives, tantôt en faveur de l'argent, tantôt en faveur de l'or, et que c'est au milieu de la plus grande de ces variations, sous Jules César, que l'unité monétaire romaine a commencé à être frappée en or. Malgré les variations qui suivirent, cette base monétaire se maintint jusqu'au Bas-Empire.

Toutefois ces faits, si intéressants qu'ils soient, ne sont pas assez concluants dans la question ; ils seraient d'une plus grande importance si les historiens nous entretenaient des réactions qu'ils ont exercées sur les affaires publiques et privées, s'ils nous montraient que l'abaissement de la valeur de l'or entraîne un abaissement analogue dans la valeur absolue de l'argent, ou s'ils nous apprenaient quelles ont été les conséquences des lois établies pour rapprocher à chaque variation la valeur nominale de l'or et de l'argent, nécessairement troublée par la relation de la demande et de l'offre, ou les déplacements produits par le pillage et les conquêtes.

L'histoire du moyen âge est au point de vue de la monnaie plus obscure que celle de l'antiquité à cause du faux monnayage universel, et aussi peu instructive par l'absence d'observations spéciales. On estime que du IXe au XVIe siècle, c'est-à-dire depuis

Section II

Charlemagne jusqu'à l'arrivée en Europe des métaux précieux du Nouveau-Monde, le rapport de l'or à l'argent a varié entre 1 à 12 [5] et 1 à 10, et que les variations ont été tantôt en faveur de l'or, tantôt en faveur de l'argent. Ces faits ne paraissent pas avoir vivement frappé l'attention des historiens, quoiqu'ils aient tenu grand compte des fraudes monétaires de cette période et de leurs funestes effets. On pourrait en conclure que la variation du rapport des métaux a été insensible et n'a donné lieu à aucune perturbation particulière appréciable, et l'on serait conduit à dire que nous, qui, après cinquante ans, sommes en présence d'une variation à peine constatée du rapport des métaux précieux, nous nous préoccupons de dangers et de difficultés imaginaires.

Mais laissons ces temps peu connus : l'histoire moderne nous offrira les lumières qu'ils nous refusent et nous permettra de nous appuyer sur deux ordres de faits aussi certains que concluants. Premièrement, en tenant compte des erreurs que les dénominations trompeuses des monnaies ont souvent fait commettre, les écrivains les plus autorisés admettent que dans les deux derniers siècles le rapport de l'or à l'argent s'est élevé de 1 à 14 à 1 à 16 ; il y a cinquante ans, ce rapport était de 15 1/2 et à peu près ce qu'il est en ce moment. Ce n'est que momentanément que les guerres de l'empire et dernièrement la révolution de 1848 l'ont élevé jusqu'à 16. En second lieu, nous savons que depuis la découverte de l'Amérique jusqu'en 1848 on peut évaluer la production des métaux dans ce pays à 37 milliards 148 millions, composés de 122 millions de kilogrammes d'argent et 2,910,000 kilogrammes d'or [6] ; en d'autres termes, sous l'influence de l'exploitation des mines d'Amérique, la production de *l'argent à l'or* a été comme 33 : 1, et, malgré cette disproportion énorme, le rapport du peu de l'or à l'argent, qui était de 1 a -13 ou 14, ne s'est élevé que de 1 à 15 1,2, tandis qu'il aurait dû s'élever de 1 à 33, si le rapport des valeurs dépendait des quantités produites. Enfin, dix ans avant la découverte de la Californie, la production de l'or avait plus que doublé sous l'influence des exploitations de l'Oural et de l'Altaï, et cependant le prix de l'or n'avait pas cessé de tendre à la hausse.

Plusieurs économistes, et entre autres M. Michelsen, ont montré cette anomalie apparente, et se sont bornés, pour la résoudre, à dire que le prix de l'or et de l'argent ne dépend pas de leurs quantités respectives, mais de l'offre et de la demande, de l'état du marché. Cette réponse est vraie, mais elle ne donne pas la raison spéciale de l'anomalie signalée ; il y a une considération d'une nature plus topique qui nous parait résoudre le problème, c'est que les monnaies d'or et d'argent sont solidaires, et qu'à part de petits mouvements accidentels circonscrits, les métaux précieux haussent ensemble et baissent ensemble.

Nous avons de cette vérité une démonstration saisissante. On accorde généralement que la puissance de la monnaie a baissé de 6 à 1 depuis la découverte de l'Amérique, et cela est vrai de la monnaie d'or comme de la monnaie d'argent, malgré la rareté de la première et l'abondance de la dernière. Ici c'est la baisse de l'argent qui a entraîné la baisse de l'or, comme de nos jours, si la production de l'or vient à déborder la demande, ce sera la baisse de l'or qui entraînera la baisse de l'argent. En effet, quand on considère le mouvement spontané des deux métaux dans le monde entier, on voit que la monnaie agit partout dans sa double forme : l'Angleterre et les États-Unis donnent la préférence à la monnaie d'or ; mais ils se servent secondairement de monnaie d'argent à l'intérieur, et ils achètent et vendent continuellement des masses de lingots d'argent pour payer leurs dettes extérieures. La Hollande et la Belgique, qui ont démonétisé l'or, en empruntent sans cesse au dehors, soit pour leurs usages intérieurs à cause de la supériorité de cette monnaie, soit pour le solde des achats qu'ils font, en Angleterre et aux États-Unis. Il est même probable que si tous les législateurs s'imaginaient de démonétiser l'or, ce métal ne continuerait pas moins à jouer un rôle important dans la circulation, à cause des qualités qui lui sont propres, et qui lui donneront toujours la supériorité sur l'agent.

La monnaie est donc une unité composée de deux parties ; quand une des parties s'accroît, le tout s'accroît d'autant. Si le tout ainsi accru excède la demande sur le marché, le tout se dépréciera.

La solidarité des prix entre l'or et l'argent n'est pas particulière à ces deux marchandises. Elle existe à des degrés divers pour toutes celles qui par leur analogie sont de nature à se suppléer l'une l'autre. Le blé est dans ce cas par rapport à l'orge, au seigle, à l'avoine. Le blé est-il à un prix de disette, il fait hausser les autres grains ; s'il est abondant, il baisse et les fait baisser. La houille aussi réagit sur le charbon de bois, et les toiles de coton sur les toiles de lin, etc. Il ne parait donc pas admissible que l'or puisse, dans une dizaine d'années, baisser de 50 pour 100, tandis que l'argent conserverait à peu près sa valeur intégrale, comme le suppose M. Michel Chevalier dans un article publié par le *Journal des Débats* du 4 mai 1855. En ce moment même, l'argent est bien loin d'avoir la stabilité qu'on lui attribue. L'année dernière, il gagnait une prime qui s'est élevée jusqu'à 36 fr. par 1,000 fr. ; cette prime est retombée à Paris à 13 et à 15 fr., et au mois de mai dernier, l'or gagnait une prime à Londres et à Marseille.

À côté de ces faits, il ne faut pas perdre de vue que l'argent peut être, dans un avenir prochain, aussi exposé que l'or aux inconvénients d'une production illimitée. Les exploitations de Buenos-Ayres, du Chili, du Pérou, n'ont pas cessé d'être en progrès depuis le commencement du siècle, et il en eut été de même sans doute de celles du Mexique, si les révolutions qui se succédèrent dans ce malheureux pays n'y avaient ralenti le travail des mines. Malgré ces circonstances défavorables, la production annuelle de l'argent est de près de 200 millions de francs, et des améliorations peut-être prochaines dans le travail des mines d'Amérique pourraient l'élever au niveau de celle de l'or. En effet, le minerai argentifère de l'Amérique est inépuisable. M. de Humboldt écrivait, il y a quarante ans, qu'il y avait assez d'argent dans les mines de la Nouvelle-Espagne pour en inonder le monde. M. Saint-Clair Duport, qui a visité les mines du Mexique, dit que les gisements travaillés depuis trois siècles ne sont rien auprès de ceux qui restent à explorer. [7]. M. Michel Chevalier écrivait en 1850 : « Les variations des deux métaux précieux ne sont pas arrivées à leur terme. Il est dans la nature des choses qu'elles n'y soient jamais. Pour l'instant, il semblerait que l'or dut baisser bientôt relativement à l'argent, mais on peut croire qu'une tendance opposée se manifesterait ensuite [8]. » Un accroissement dans la production de l'argent, comparable à celui qui se réalise pour l'or, n'est probable à la vérité que dans le cas où l'industrie des mines passerait aux mains d'un peuple entreprenant et avancé en civilisation ; mais ce temps est-il très éloigné, quand les Américains du Nord ont déjà conquis la moitié du Mexique et construit un chemin de fer bien au-delà sur l'isthme de Panama ?

Il y a un autre métal qui jouit au plus haut degré des propriétés monétaires, et qui semblerait au premier abord bien plus propre que l'argent à préserver la monnaie de la dépréciation dont on se préoccupe, c'est le platine. Ce métal n'a en effet que deux gîtes connus, l'un dans l'Oural, l'autre au Choco dans la Nouvelle-Grenade, et la géologie ne fait pas prévoir la découverte ultérieure d'autres dépôts importants. Le platine est de plus dans des conditions métallurgiques telles que les frais de production auxquels il donne lieu ne peuvent ni augmenter ni diminuer sensiblement. Il est, à la vérité, un peu plus difficile à élaborer que ne le sont l'or et l'argent ; mais la différence est faible, et disparaîtrait bientôt par les perfectionnements qu'apporterait un travail constant et régulier [9]. De 1828 à 1845, le gouvernement russe a émis une monnaie de platine dont le total en dix-sept ans s'est élevé à environ 20 millions de francs ; mais cette expérience intéressante est restée incomplète. Il paraît que des employés chargés de l'affinage, profitant des obscurités de cette opération, ne portèrent le rendement qu'à 60 pour 100 au lieu de 75 pour 100, et firent vendre à vil prix, à Paris et à Londres, le métal ainsi détourné. Le prix du platine tomba de 1,100 francs à 800. Le gouvernement russe, ne connaissant pas alors la cause de cette dépréciation, on ne pouvant la faire cesser, démonétisa le platine. Quoi qu'il en soit de cette tentative, nous ne croyons pas que le platine puisse avoir dans la circulation une valeur plus fixe que l'or et l'argent. Une fois entré dans la masse monétaire, il en subirait la solidarité, et sauf de légers écarts il hausserait et baisserait comme cette masse. Les quantités existantes et celles qu'on pourrait produire sont d'ailleurs si faibles, que la circulation du platine ne pourrait pas former la monnaie exclusive d'une grande nation ; enfin le petit nombre des exploitations permettrait aux états qui les possèdent des spéculations aux conséquences desquelles il ne serait passage de s'exposer.

Section III

Il nous reste à examiner les effets que produirait en France la démonétisation de l'or. C'est un point de vue pratique trop négligé, et qui mérite la plus sérieuse attention.

Section III

En montrant que la monnaie d'argent ne jouit pas du privilège de la fixité, nous avons fait voir le côté le plus faibli ; de la théorie de la démonétisation de l'or ; ce n'est pas le seul. L'argent est, pour la fonction monétaire comme pour les usages domestiques, inférieur à l'or. Il est moins beau, moins inaltérable, plus encombrant. Cette dernière imperfection est plus grave qu'on ne le croit communément, les paiements en argent, étant ou coûteux ou même matériellement impossibles, dès qu'ils ont quelque importance. On y supplée jusqu'à un certain point par les billets de banque, les virements de comptes, les effets de commerce ; mais ces moyens de solder les dettes n'existent pas partout, ne sont généralement pas gratuits, et n'empêchent pas des transports considérables de métaux précieux dont le fret et l'assurance sont toujours beaucoup plus élevés pour l'argent que pour l'or. Aujourd'hui préférer l'argent à l'or, c'est préférer la poste aux chemins de fer, c'est s'imposer des pertes certaines qui se multiplient comme les affaires elles-mêmes. Les nations qui jouent le premier rôle dans le commerce du monde, les États-Unis et l'Angleterre, produisent l'or en abondance, et s'en servent presque exclusivement dans la fonction de monnaie. Adopter exclusivement l'argent, c'est jeter des complications dans les relations internationales avec ces deux grands états, c'est de plus rendre moins facile et moins lucratif le commerce avec les pays si importants déjà qui produisent l'or et n'ont pas d'autre retour à offrir.

Ces considérations n'ont pas frappé la Hollande ni la Belgique, et ne les ont pas arrêtées dans leur préférence pour l'argent ; mais il parait que toutes deux commencent à ressentir les inconvénients du parti qu'elles ont pris. La monnaie d'argent ne les a pas mises à l'abri de la hausse des prix. La Belgique même en est plus affectée que la France. Le pain, la viande, les logements, le sol, y sont plus chers, surtout dans les campagnes vouées aux travaux industriels. En revanche, ces deux pays ont dû remplacer la monnaie d'or par de petits billets de banque de 100 à 20 francs, et par l'admission de l'or français à la Banque et dans les caisses publiques, sous la faible retenue de 1/4 pour 100. Aussi, quelque récente que soit la démonétisation de l'or, il ne manque pas d'esprits sérieux qui doutent de l'efficacité d'une telle mesure.

Ce n'est pas la découverte des nouveaux gîtes aurifères qui a conduit la Hollande à la démonétisation de l'or. Lorsqu'on 1836 la première idée en fut exprimée par le gouvernement de ce pays, le rapport légal établi entre les deux métaux précieux, étant trop favorable à l'or, avait fait exporter toute la monnaie d'argent. Il ne restait qu'un rebut composé de pièces usées, déformées ou rognées ; il y avait nécessité de réformer un tel état de choses. À cette époque, la production de l'argent était beaucoup plus abondante que celle de l'or, et l'expérience avait appris qu'à cause de cette rareté les crises monétaires étaient plus fréquentes dans les pays dont ce métal forme la monnaie ; cela devait être sensible, surtout pour un pays aussi petit que la Hollande. On songea donc à changer le rapport légal de l'or et de l'argent, et à le combiner de manière à empêcher pour l'avenir l'exportation de l'argent. Une loi de 1839 ordonna en effet la refonte de la monnaie d'argent et l'établissement entre les deux métaux d'un rapport légal favorable à l'argent.

Les choses étaient en cet état lorsque la disette des années 1846 et 1847 détermina une énorme importation de céréales en Angleterre, et par suite la crise monétaire, qui porta particulièrement sur l'or. Frappé de cette coïncidence remarquable, le gouvernement hollandais adopta à l'égard de l'or un parti plus absolu qu'il ne l'avait fait en 1839 ; il en proposa la démonétisation, qui fut adoptée par une loi du 26 novembre 1847. Il est certain qu'à une époque où les dépôts aurifères de la Californie et de l'Australie étaient encore inconnus ou inexploités, cette résolution avait pour elle la raison et l'expérience ; mais la facilité avec laquelle l'Angleterre et la France ont traversé la période de rareté des céréales de 1853 et 1854, grâce à l'abondance de la monnaie d'or, montre que désormais la monnaie d'argent a perdu la seule supériorité qu'elle eût.

L'exemple de la Hollande, on le voit, est sans autorité dans la question actuelle. Si cette nation éclairée a donné la préférence à la monnaie d'argent, ce n'est pas par crainte de la dépréciation de l'or, que personne ne pouvait prévoir en 1839 et en 1847 : c'est pour remédier à des désordres réels et pour prévenir des dangers que des circonstances récentes avaient signalés. Il est vrai que la démonétisation, qui ne devait avoir lieu qu'à la fin de 1850, a été hâtée de quelques mois par une loi de 1849, rendue sous l'influence de la production croissante de l'or : c'eût été une négligence

Section III

blâmable que d'agir autrement. L'opération une fois votée, il fallait profiter de la prime de l'or pour la réaliser plus facilement, ou au moins ne pas s'exposer à payer une prime sur l'argent qu'on devait acheter. On a beaucoup approché de ce résultat.

Pour la Belgique, il en est autrement ; elle a démonétisé l'or pour conserver sa monnaie d'argent et dans l'espoir d'échapper aux effets de la dépréciation de l'or ; sa mesure a même été plus radicale que celle de la Hollande, car elle a retiré toute la monnaie frappée et interdit le monnayage de l'or à l'avenir. La Hollande a simplement ôté le caractère légal à la monnaie d'or et offert le remboursement au pair à ceux qui le demandaient. L'inquiétude de la dépréciation de l'or était si peu prononcée, que sur 175 millions de florins, soit environ 360 millions, de francs, à peine la moitié a été présentée à l'échange contre argent.

Si cette mesure était appliquée à la France, elle y causerait une perturbation proportionnée à l'importance que la monnaie d'or a déjà prise dans la circulation ; à la grandeur des entreprises que l'abondance des capitaux a fait naître et multiplie chaque jour, et aux besoins que les emprunts causés par la guerre rendent aussi vastes qu'impérieux. Il a été frappé en France depuis 1848 pour plus de 1,300 millions de monnaie d'or ; on peut supposer que le mouvement du commerce en a fait exporter 2 ou 300 millions, et il est probable qu'il en reste un milliard. Si cette masse d'or était démonétisée, le gouvernement serait obligé, dans un délai très court, de la remplacer au pair aux mains des porteurs par des pièces d'argent, comme l'ont fait loyalement les petits états de Belgique et de Hollande. Une demande de 1 milliard en lingots d'argent dans un temps où la production annuelle ne dépasse guère 200 millions ferait peut-être monter la prime, non à 36 fr., taux où nous l'avons vue l'année dernière, mais a 100 fr., et dans ce cas l'opération, de ce chef seul, coûterait à l'état 100 millions, auxquels il faudrait ajouter quelques millions pour frais d'affinage, commission, etc. À coté de ces pertes directes [10] il faudrait mettre en ligne de compte la perturbation temporaire de tous les prix en France par l'effet de la prime que la mesure elle-même produirait. L'opération de la Hollande n'a porté que sur 80 millions de florins (environ 160 millions de francs), et elle a sensiblement affecté les grandes places de commerce, quoiqu'elle ait été facilitée par des moyens d'exécution dont le succès serait moins assuré en France. En Hollande, des billets de mêmes coupures que les pièces d'argent ont remplacé la monnaie retirée, et ont circulé sans difficulté ; de plus, la monnaie d'or exportée en Angleterre et en France a été frappée, dans ces deux pays, en souverains et en pièces de 20 francs, qui se sont substitués sans secousse aux lingots d'argent de la banque d'Angleterre et aux pièces de cinq francs vendues à la Hollande. Les choses ne se passeraient pas si simplement parmi nous. D'abord il est permis de douter que 1 milliard de billets de 20 francs et de 10 francs, non remboursables à vue, circulassent au pair avec la monnaie d'argent, quelque bien garantis qu'ils fussent par des dépôts d'or démonétisé. En second lieu, l'argent à monnayer devant être pris en grande partie à la masse monétaire des pays où l'argent presque seul remplit les canaux de la circulation, on ne pourrait pas l'y remplacer par de l'or ; il s'y produirait un vide qui causerait une disette de monnaie [11], une baisse de tous les prix, une crise commerciale générale [12].

La France, réduite à la monnaie d'argent, souffrirait de son isolement monétaire dans ses vastes relations avec l'Angleterre et les États-Unis, qui ont adopté la monnaie d'or [13], et qui ne songent pas à y renoncer. Notre commerce d'exportation recevrait aussi par la démonétisation de l'or une atteinte irréparable. Nos lois de douane sont en effet combinées de manière à limiter nos importations et à obliger nos armateurs à faire une partie considérable de leurs retours en métaux précieux, et aujourd'hui en or. Les opérations basées sur des retours d'or, ou liquidées en cette valeur, seraient arrêtées, et quelques centaines de millions peut-être de nos produits manufacturés devraient chercher au rabais de nouveaux acheteurs. On verrait alors qu'il y a plus d'inconvénient à retirer quelques centaines de millions à la circulation de l'Europe qu'à y laisser ajouter plusieurs milliards par le cours naturel des choses.

Les partisans de la démonétisation n'ont pas parlé de toutes ces difficultés, mais on voit qu'ils les ont pressenties. Au lieu de conclure purement et simplement, ils ont déclaré qu'ils se borneraient à soulever une question grave, et qu'ils en abandonnaient la solution à de plus experts.

On a émis une opinion moins réservée sur un autre point qui serait aussi très délicat, s'il n'était depuis longtemps résolu. On

Section III

a dit, à l'occasion de la démonétisation de l'or, que la loi du 7 germinal an XI, constitutive de notre système monétaire, donnait aux créanciers le droit d'exiger dès à présent leur paiement en argent. C'est une erreur qu'aucun jurisconsulte n'aurait commise. La loi de l'an xi déclare que le franc est l'unité monétaire, et qu'il contiendra 5 grammes d'argent au titre de 9/10, elle déclare en outre qu'il sera fabriqué des pièces d'or de 20 francs et de 40 francs, et en détermine le poids et le titre. Une nouvelle loi peut changer l'unité monétaire ou le rapport de l'or à l'argent ainsi établi, mais aucun créancier d'une obligation exprimée en francs ne peut refuser les offres de paiement que lui fait son débiteur en monnaie légale d'or ou d'argent, à son choix. Si la solution était moins évidente, il faudrait regretter que la question ait été posée. En matière de finances, on doit se garder de jeter des doutes là où il n'y en a jamais eu. La loi de l'an XI est absolue ; mais le fût-elle moins, ce serait offenser la foi publique que de changer la manière dont elle est comprise et pratiquée depuis près de soixante ans par le bon sens universel.

N'y a-t-il donc rien à faire ? En matière de monnaie tous les changements sont dangereux, et les combinaisons les plus réfléchies ne sont pas à l'abri de tout inconvénient. La Hollande, à l'occasion d'une refonte nécessaire de sa monnaie d'argent, a diminué le poids du florin, son unité monétaire, et a autorisé tous les débiteurs à se libérer avec un poids d'argent moindre que celui qu'ils s'étaient obligés de fournir. La monnaie d'appoint peut supporter ces déviations, mais pour la monnaie courante elles sont très sujettes à critique.

Notre système monétaire ne gêne pas les transactions, il les favorise notablement au contraire. Au point de vue de l'art, la monnaie n'est-elle pas droite de poids et de titre et appréciée même en pays étranger ? Pourquoi la changer ? On exporte, dit-on, la monnaie d'argent et on lui substitue la monnaie d'or ; mais où est l'inconvénient si la monnaie d'or ne peut pas être dépréciée sans que la monnaie d'argent le soit aussi ? C'est une erreur de croire que la France y perd. Quand l'argent sort, c'est avec sa prime, c'est en achetant plus de marchandises étrangères que la même somme en or ne pourrait le faire. Quand l'or s'importe, c'est le contraire ; le marchand français exige un prix plus élevé. Si l'or s'échange au pair contre des pièces de 5 francs, c'est que l'argent ne gagne pas de prime, et c'est là le fait le plus général. Jusqu'à présent, la prime n'est que l'exception et ne s'applique qu'aux affaires des grandes places.

Les États-Unis ont introduit une modification récente à leur système monétaire, afin de retenir dans leur circulation la menue monnaie, que l'exportation leur enlevait à mesure qu'elle était frappée. Traitant la menue monnaie comme une monnaie d'appoint, ils ont frappé, à un poids assez faible pour décourager l'exportation, des demi-dollars et des quarts de dollar pour une somme qui atteint déjà 90 millions de francs [14]. Ils ne se sont pas autrement préoccupés de l'exportation de l'argent et ont au contraire accru le nombre de leurs hôtels des monnaies, afin de faciliter le monnayage de l'or. Malgré les ressources nouvelles qu'ils y ont puisées, ils n'ont pas échappé, en 1854, à une crise qui a fait baisser chez eux tous les prix, même ceux du fret maritime, si élevés dans toute l'Europe.

Les Anglais n'ont pas eu de mesures à prendre pour arrêter l'exportation de l'argent. Lorsqu'après la paix générale ils renoncèrent au régime du papier-monnaie, ils adoptèrent un système monétaire d'une simplicité qui fait honneur à leur génie. Ils établirent que les débiteurs ne pourraient faire d'offres légales (*legal tender*) à leurs créanciers qu'en monnaie d'or, toutes les fois que la somme due serait de plus de 50 francs, et après avoir réduit l'argent à l'humble rôle de monnaie d'appoint, ils purent, sans inconvénient, lui donner une valeur intrinsèque assez inférieure à sa valeur nominale pour en empêcher l'exportation. Si à cette combinaison ils avaient ajouté la numération décimale, leur règlement monétaire serait irréprochable.

Nous ne pensons pas que la France, dans les circonstances actuelles, doive recourir au système américain ni au système anglais ; mais s'il se présentait plus tard des circonstances graves et imprévues, si la petite monnaie d'or ne se classait pas bien dans la circulation française, et si l'exportation de l'argent continuait de manière à gêner les appoints et les paiements qui se font en menue monnaie, il serait peut-être nécessaire d'aviser. Il nous semblerait sage alors d'aller chercher des exemples chez les deux nations les plus riches et les plus commerçantes du monde, et dont les intérêts, par leur nature et par leurs vastes proportions, ont avec les nôtres une analogie économique évidente. Il faudrait peut-être même se concerter avec elles et profiter de l'occasion pour essayer de résoudre cette grande question d'une monnaie internationale qui, depuis de longues années, préoccupe les esprits sérieux en Angleterre, aux États-Unis et en France.

L'expérience est ici le guide le plus sûr, les spéculations abstraites ont leurs périls. Il y a longtemps qu'on l'a dit : en finances, deux et deux ne font pas quatre, C'est qu'en effet les formules des équations n'y ont jamais cette simplicité. Leurs termes se composent de coefficients indéterminés auxquels chacun donne une valeur arbitraire. De là tant de mécomptes de bonne foi, tant de divergences sur les théories. Que nous enseigne l'expérience du passé ? Que l'or et l'argent ont fait la richesse de ceux qui les ont possédés [15] ; que la consommation qui s'en fait en dehors de la circulation monétaire est énorme [16] ; que la valeur relative de l'or et de l'argent ne dépend pas des quantités produites ; que si l'un des deux se déprécie, l'autre éprouve une dépréciation a peu près égale ; que les pays les plus commerçants ont directement ou indirectement, réduit l'argent au rôle de monnaie d'appoint et ne se sont pas préoccupés de la démonétisation de l'or. Obéissons avec confiance à ces enseignements, et ne nous alarmons pas plus de l'invasion de l'or dans notre vieille Europe que de l'action de tout autre grand moteur industriel. Si elle froisse des intérêts respectables, c'est que rien n'est parfait dans ce monde, où la fécondité de la terre même fait des victimes. N'avons-nous pas vu, il y a peu d'années, une suite de récoltes abondantes faire baisser le prix du blé et gêner les fermiers, tout en encourageant la demande et faisant hausser les prix des autres marchandises ? L'abondance des métaux précieux produit des phénomènes analogues : la valeur de ces métaux baisse, et tous les prix haussent. Les créanciers à long terme y perdent quelque chose ; mais toutes les entreprises sont prospères, le champ du travail s'agrandit, les solitudes se peuplent, et la civilisation étend son empire.

Notes

1. Une des causes les plus énergiques et les moins étudiées de

ce progrès, c'est l'énorme économie de capital résultant pour toutes les industries du bon marcha et surtout de la célérité des transports par les chemins de fer et la marine à vapeur. Les fabricants et les marchands renouvellent toutes les semaines et même tous les jours les approvisionnements qu'ils gardaient six mois ou un an avec déchets et pertes d'intérêt.

2. Dans l'Amérique espagnole, l'once d'or est encore en usage.

3. 4 1/2 grammes d'argent fin, ou, suivant la définition légale,5 grammes d'argent à 900/1000 de fin.

4. Dureau de La Malle, Économie politique des Romains, t. Ier, p. 85 et suivantes.

5. M. Leber, dans son mémoire sur l'Appréciation de la fortune privée au moyen âge, cite le passage suivant de l'édit de Pistes de 864 : Ut in omni regno nostro, non amplius vendatur libra auri nisi duodecim libris argenti.

6. Michel Chevalier, De la Monnaie, p. 307.

7. De la Production des métaux précieux, p. 378.

8. De la Monnaie, p. 338.

9. La grande différence qui existe à Paris dans le commerce entre le platine vieux et le platine neuf tient à ce que l'affinage de ce métal est à l'état de monopole.

10. La hollande, opérant en 1849, n'a eu à supporter que quelques faux frais sans importance. La Belgique à supporter, sous forme de perte d'intérêt, une prime de 4 à 5 pour cent.

11. L'accroissement des billets de banque pallierait le mal ; mais sur le continent, c'est une ressource limité par les habitudes du public

12. En 1846, l'importation du blé en France a fait exporter 120 à 130 millions de francs, et ce faible déplacement a causé une grande gêne.

13. La monnaie d'or et celle d'argent ont un cours légal aux États-Unis ; mais le rapport des deux métaux, favorable à l'or, a fait exporter la plus grande partie de la monnaie d'argent.

14. La presque totalité de la monnaie d'argent qui avait cours aux États-Unis avait été exporté et remplacée par de la monnaie

d'or peu convenable pour les appoints et les petits paiements. Le manque de menu monnaie avait donné lieu à l'émission de petits billets de banque d'une valeur douteuse. Un loi du 3 mars 1853 a statué qu'il serait frappé des demi-dollars et des quarts de dollars d'un poids de 3 ou 4 pour 100 inférieur à l'ancien poids légal, et cette mesure a eu un plein succès. Le directeur des monnaies aux États-Unis le déclare dans un rapport officiel que vient de publier le journal anglais The Economist.

15. M. Chevalier a dit dans un bon livre qu'il a publié en 1850: « Tout a enchéri depuis la découverte de l'Amérique, sans que la société devint plus pauvre, au contraire » (La Monnaie, p. 448.)

16. Sur 40 milliards d'or et d'argent produits depuis la découverte de l'Amérique, il n'en existe plus que 10 à 12 milliards dans la circulation des nations civilisés.

ISBN : 978-1726370059

www.ingramcontent.com/pod-product-compliance
Lightning Source LLC
Chambersburg PA
CBHW070945220526
45469CB00007B/2518